Allitera Verlag

WOLFGANG BITTNER, geb. 1941 in Gleiwitz, lebt als Schriftsteller in Göttingen. Der promovierte Jurist schreibt für Erwachsene, Jugendliche und Kinder, erhielt mehrere Preise und Auszeichnungen und ist Mitglied im P.E.N. Er ist freier Mitarbeiter bei Zeitungen, Zeitschriften, Hörfunk und Fernsehen und veröffentlichte mehr als 60 Bücher, u.a. die Romane »Der Aufsteiger«, »Niemandsland« und »Narrengold«, den Erzählband »Das andere Leben«, den Gedichtband »Vom langen Warten auf den neuen Tag« sowie das Sachbuch »Beruf: Schriftsteller«.
Website: www.wolfgangbittner.de

LYRIK
EDITION
2000

Wolfgang Bittner

Der schmale Grat

Gedichte

Allitera Verlag

Weitere Informationen über den Verlag und sein Programm unter:
www.lyrikedition-2000.de

Bibliografische Information der Deutschen Nationalbibliothek
Die Deutsche Nationalbibliothek verzeichnet diese Publikation in der
Deutschen Nationalbibliografie; detaillierte bibliografische Daten
sind im Internet über http://dnb.d-nb.de abrufbar.

Juli 2010
Allitera Verlag
Ein Verlag der Buch&media GmbH, München
© 2010 Buch&media GmbH, München
Umschlaggestaltung: Buch&media GmbH
Herstellung: Books on Demand GmbH, Norderstedt
Printed in Germany · ISBN 978-3-86906-131-3

Fällst ewiglich in dich hinein,
Fliegst ewig aus dir hinaus –
Bist aller Höhen Versunkenheit,
Bist aller Tiefen Schein ...
Friedrich Nietzsche

I
Getroffen

NOCTURNE

Trifft mich die Traurigkeit
unversehens wie ein Stein,
zieht mich zusammen,
der Tag wie Watte, verfilzt.

Die Erde kalt,
der Himmel hängt,
lastend die Schwerkraft
und die Materie drückt.

Die Toten sprechen,
ja, ganz deutlich.
Wüsste ich doch noch,
was sie sagten.

Dann im Radio Frédéric Chopin,
Nocturne Nr. 19 e-Moll
und draußen
diese goldenen Rapsfelder.

Prometh

Seit Wochen schon
jeden Morgen dasselbe,
es kreist,
kommt mit scharfem Schnabel
und holt sich ein Stück
meiner Leber,
davon lebt es.
Aber ich lebe auch,
gesalbt und gesegnet,
während das Leben
immer wieder nachwächst.

Spätsommer

Der Sturm
hat die Blumen geknickt
und hinter dem Haus
das Aprikosenbäumchen
geschüttelt,
die ganze Nacht
klopfte es ans Fenster.
Jetzt ziehen die Wolken weiter
zu den fernen Bergen
und Schwalben
umzwitschern das Haus.

LEIDENSCHAFT

Mein Freund schreibt,
seine Mimi
sei weggelaufen.
Er lebt in O.,
eine Koryphäe
in Zyklothymie,
er hat eine
aufblasbare Frau
und sammelt
alte Taschenuhren
und Zinnsoldaten.

JUNO

Die Krähen krächzen,
die schwarzen Seelen,
flattern über die Dächer.
Ein Regentag.
»Du hast keine Chance,
aber nutze sie!«
Ich krächze zurück.

Cogito

Ergo sum!
Aber wo zu Hause
und bei wem?
Ob die Erde
von sich weiß?
Und weiß das Meer,
dass es das Meer ist?
Noch immer übe ich
den aufrechten Gang.

GEWUSST

Schon im März
begannen die Bauern
die Felder zu pflügen.
Sie aßen schwarzes Brot
mit Schinken,
sie tranken
die kostbare Milch.
Ich weiß es genau.

Wie Staub

Wir tragen den Staub
von Wohnung zu Wohnung
und jeden neuen Morgen
wird es hell,
erstaunlich.

Gräser wachsen, Bäume,
sogar schöne Blumen,
manchmal singen die Vögel,
wo auch immer,
kostenlos.

LANGE WANDERUNG

Der dunkle Wald, die Wege
weit und kaum erkennbar,
bergauf, bergab. Ich gehe,
ich zähle die Tage und merke,
dass ich älter werde,
das Knie schmerzt,
die Schulter, der Rücken.
Als Junge habe ich
Klavier gespielt und geboxt,
auch schien die Sonne heller.
Es fehlt an Atem.
R. hat einen Geburtstagsbrief
geschrieben, der mir
das Herz öffnet.
Was ist das für eine Sehnsucht?

BARBARISCH

Es wird viel geredet,
alles ist käuflich,
handelbar,
und wieder verkehrt sich
Fortschritt in Unsinn:
Das barbarische Prinzip.
Die Geistesblitze
verschmoren,
Habgier und Egoismus
triumphieren.
Sie haben Namen.

II
Vorstadt

Patrouille

Vorbei am Bäckerladen. Die Nachbarin
lüftet ihren Hund, der Lärmpegel
nimmt ab unter den Platanen am
Gymnasium. Der Zeitschriften-Bier-Kiosk,
die Wohnblocks, der alte Luftschutzbunker,
der Birnbaum. Aus der Kneipe dringt
Schlagermusik, vor dem Schaufenster
der Buchhandlung schwillt der Lärm
wieder an, ich verweile, ich schaue,
der Computerladen wurde geschlossen, die
Uferstraße wird berast, der Rasen
beparkt. Der Rhein! Am Ufer
die Wohncontainer für Asylanten.

SUPERMARKT

Ich finde,
was ich nicht brauche,
ich finde,
was ich brauchen soll.
Die Musik
macht mich fertig.
Die Verkäuferin
hat Schweißflecke
unter den Achseln.
Sie lächelt mich an.

Linie 9

Stadtauswärts,
Endhaltestelle mit Café.
Alte Damen preisen
ihre Söhne,
sie lassen sich ausführen
von ihren Hunden.
Wir schnüren
vierbeinig davon.

VORORT

Kiefern wie von Pechstein
und zweihundertjährige Eichen,
die Villen einbruchgesichert.
Es riecht nach Fichtennadeln
und gemähtem Gras. Nur
hin und wieder ein Flugzeug.
Wir erlauben uns Luft.

S-Bahn

Dörfer am Hang und
in der Dunkelheit
laufen Wege kreuz und quer
über die misshandelte Erde,
Lampenalleen führen
hinauf und hinunter,
Sprayer versündigen sich
an unschuldigen Fassaden,
unbehauste Autos
halten bei Rot.
In erleuchteten Stuben
setzen sich die Familien
verzweifelt
vor ihre Fernseher,
als gelte es
den Tag noch zu retten.

Am Fluss

Wasser spiegelt die Brücken,
Lastkähne gleiten stromab
und Dobermänner suchen's Stöckchen.
Gegenüber die ehemaligen
Lagerhäuser, jetzt Nobelwohnungen,
und die vielen Kirchtürme.
Straßenbahnen rasseln,
Möwen kreischen, mühsam
schiebt sich die *Hoffnung* stromauf
und ich schreibe ein Gedicht.

JAHRESRINGE

Du hast Zweige
in die Vase gestellt,
bald werden sie blühen,
und der Apfelbaum
vor dem Fenster
wird im Herbst
Früchte tragen.
Heute trage ich mich nicht,
zähle die Jahresringe,
aus Sehnsucht
wird Müdigkeit.

Beseelt

Nichts bleibt wie es ist,
der Baum, das alte Haus,
die Mutter, auch wir
werden nicht bleiben.

Jetzt lachst du mir zu,
trägst Blumen im Haar,
die roten Schuhe, du
nennst mich beim Namen.

Aber was uns geworden,
müssen wir lassen,
weitergehen, immer weiter,
vielleicht beseelt.

III
Märchenhaft

DER SCHMALE GRAT

Schmerzt die Zeitlosigkeit, die Unbegrenztheit,
erdverhaftete Schwere und
endloses Einsamsein, kosmisch,
die Gewissheit bis zum Tod,
diese unabwendbare Krankheit.

Aber dazwischen der schmale Grat,
das heißt LEBEN, das heißt
Augenblicksglück, Sekundenglück, Stundenglück.
Das heißt lieben und geliebt werden,
lächeln und lachen,

ist Feuer und Überwindung des Feuers,
schmerzhaft klar. Ist Poesie.
Was denn sonst?

Chiffre

Ich schreie!
Heute schreie ich
vor Verlorenheit.
Ich schreie chiffriert.
Wer hört mich?

Ich erinnere mich:
Schmerzpunkte, Kreuzwege,
Kommen und Gehen,
ich warte.
Bleiben die Narben.

MISERE

Flugzeuge rasen in Hochhäuser
und die Welt steht Kopf.
Panzer rollen für den Frieden:
Glorreich, tapfer, freiheitlich.

Wir trauern,
wir leiden schon lange,
wir sind die Geiseln für alles.
Die Nachbarn kaufen Gasmasken.

Telekinese

Kommt doch, ihr
Ackerblumen,
ausgesperrte Propheten.
Das Tamtam der Feldjäger,
drahtlos
oder verschlüsselt,
rückt näher.

Ihr Sensenmänner,
abgefeimte Kistenfüller
am Drücker ihr,
Donnerschlag;
und die Taube wird
zur Missgeburt
abgeferkelt.

Auf den Tribünen
die Schlachtenbummler
im Raureif,
sie kreischen sich warm,
im Gepäck
nur eine minderwertige
Brezel.

Die Herzschrittmacher
stocken,
seufzend
vor Erschütterung,
eine Verschwörung der Saurier.
Und wer hilft
einer armen Seele?

MÄRCHENHAFT

In Wahrheit
ist der Brummbär ein Königssohn,
Oberhaupt aller Zwerge,
ein Dickhäuter.
Versiert
plündert er den Bienenstock,
hm, dieser Honig!

Die Bienenkönigin
ist geschwängert,
erbittert
sucht sie einen Gatten
von Adel.
Im Gegenzug
entbietet sie ihr Volk.

Abergläubisch
verfolgt sie die Zwerge
bis ins Gestrüpp,
entreißt ihnen
ihr Staatsgeheimnis,
das Goldene Vlies.
Darauf lässt sich gut ruhen.

BEKÜMMERT

Auf halbem Wege
gestrauchelt,
schiffbrüchig
verschlagen ins Tintenreich,
erbarmungslos umarmt.
Luft!

Ich lebe atemlos,
verfangen
in diesen Tentakeln,
mondsüchtig
und programmiert.
Sogar im Kopf.

LEBTAGS

Schmerzlos der Tag,
ja, heute ist
Lebtag,
es schmeckt.

Auch gestern noch
saß ich schwelgend.

Aber morgen
wird es vergessen sein,
ja, morgen
ist das Papier zerfallen.

IV

Einander entgegen

Über Wasser

Von Ufer zu Ufer
die stählernen Flügel,
die Trossen,
vor der Bläue des Himmels.

Steh ich am Fenster,
seh ich den Pylon,
das geknitterte Wasser
spiegelt den Himmel

und die Straßenbahnen.
Ich weiß schon lange:
Jetzt kommst Du
vom anderen Stern.

INSEL

Schaust du mich an,
erkenne ich dich
und du blickst durch,
wann hätten wir
uns das träumen lassen.
Du spielst,
du gibst an,
ich dein Schweinehirt,
du Penelope,
auf einer Insel
im mittleren Meer.
Glaub mir, es könnte
auch anders sein.

Einander entgegen

Komm ich dir nah,
dein Mund so weich,
deine Brüste schwellend,
lockst du mich fort,
vergeblich
mein Misstrauen.
Wer dich hat
muss Federn lassen,
wer bleiben will
erstmal gehen.
Noch leben wir
immer noch
einander entgegen.

SAGS DEM WOLF

Essen heute und
trinken morgen
und tanzen mit dir,
meine Geschenke
kommen an.

Wir ziehen uns hoch,
du bist mir gut,
wir weiden,
wir üben Eintracht
ganz oben.

Vöglein im Silberwald,
sagt der Wolf
am Märchenbrunnen,
ich will mit dir spielen.
Du mit mir.

WART ICH AUF WIND

Du, Schuppenleib,
wechselwarm
zwischen den Wünschen.
Ein Blick kreuzt
unsere Worte,
der Anlass zweifelhaft,
zufällig.
Ich bin nicht entsetzt.
Netzwerk flickend,
schwielig die Hände,
wart ich auf Wind,
du wartest
auf den Fang,
mein Boot im Hafen
zum Auslaufen bereit.

VERBORGEN

Im Fluge vergeht
alles,
ich flog,
jetzt sitze ich
unbedacht,
schnaufe vergebens,
ich vergehe artig.

Du beherbergst mich,
unverbindlich,
du forderst
über Gebühr,
wir schreien.
Behext
muss ich bleiben.

NEBELSTUNDE

Eine blasse Wolke
zwischen den Bergen
über den entkernten
Rapsfeldern.

Eine kalte Sonne,
deine Schulter,
deine Brust
aalglatt.

Ausbruch

Red mich nicht tot,
sag ich,
und du gibst mir
lebenslänglich.
Jetzt streike ich.
Dein Bergwerk
ist ausgebrannt,
deine Begierde
ein Krematorium,
du schwelgst
in meinen Ausbrüchen,
fix und fertig.

VERGEBLICH

Hoffen worauf?
Die Zukunft kommt ohnehin.
Täglich lerne ich aufs Neue
mich zu bescheiden
und mich zu bewaffnen,
über dem Kopf
kreisen die schwarzen Vögel.
Im Gehirn die Ahnung
von etwas Unsagbarem.

Beschwert

Kriecht die Schwermut
wieder mich an
im Schweiße
meines Angesichts,
es liegt nicht am Wetter.

Es liegt an den Versicherungen,
die nichts wert sind,
an den leeren Versprechungen,
den Lügen (Waffen für den Frieden)
und an der Inflationsrate.

Der Pegel sinkt,
Flamme wird Glut
unter lauter Asche.
Nirgendwo zu Haus,
packe ich den Koffer.

Unverletzt zwar
kommt wieder die Erkenntnis:
Jeder stirbt
für sich allein.
Während die Rasenmäher schnarren.

V
AUSFLUCHT

Parzival

Dem Mutterleib entwachsen,
dem dunklen Wald,
tatendurstig zur Sonne,
zu finden den Gral.

Lichte Tage
in der Sprache der Vögel.
Doch heilig war nichts,
Betrug und Mord.

Zu überleben galt es
zu was zu kommen,
Mensch zu werden.
In dieser Drachenbrut.

Ausflucht

Zu eng die Gassen, die
Vorschriften, Maßregelungen,
die blinzelnden Spione.
Vom Dach die Spatzen
pfeifen es:
Wahrhaftigkeit brennt
(so war es immer!)
und Jubel tönt
aus jedem Loch.

Wir gehen jetzt,
wir sagen uns los,
hört gut zu,
wir gehen für uns.
Das Kopfsteinpflaster wirkt
verfallen,
und hinterm Wald
reifen die Hagebutten.
Und verderben.

Rückblickend schwarz

Schwarze Robenträger, Krähenvolk,
treppauf, treppab, davor und dahinter,
Hauptsache Recht, unser Recht
beredt in geschlossener Gesellschaft.

Manchmal musste ich weinen,
ein Sakrileg (Geheimnisverrat).
Mann, nimm dich gefälligst zusammen!
Immer offiziell und tüchtig.

Schwarze Roben in den Träumen
wehten kopflos durch lange Gänge,
lichtscheu und seelenlos.
Eigentlich total zum Lachen.

Verwesung

Flure, Treppen, Gänge, Türen
bilden das Ganze, die Behörde, das Institut
und die Vergeblichkeit.
Die Institution gähnt,
sie sitzt hinter den Türen.

Anklopfen nützt nichts, eventuell mailen,
Termin verabreden, Anliegen darlegen,
bitte möglichst untertänig,
manchmal Antwort, anonym natürlich:
Erklären uns für unzuständig-bedauerlich.

Lauter Flure, Treppen, Gänge, Türen.
Niemand öffnet mir,
niemand anwesend. Dienstreisend
oder etwas ist inzwischen gestorben.
Beileidsbekundungen unerwünscht.

TREMOLO

Reptilienland und
Maultierland.
Ich fühle mich madig,
missachtet.
Die Zeitzünder ticken
in sanfter
Vergeblichkeit.

Als Handlanger,
als Prellbock malträtiert,
blauäugig.
Verflixt,
so willfährig, unbedarft
geht die Welt
zugrunde.

Kein Argument
hindert die Truppe,
einfältig gehen wir
des Abends zu Bett.
Morgens dann schmetternd
die Reptilienposaune,
bräunlich.

TARANTELLA

Kein Heilmittel heute!
Im Wolkensommer
gib Vater uns
Stoff,
du schaumgeborener
Schalk.

Schöner Muttersohn, ebenmäßig
im Maschinenland,
spring hoch die Mauer,
flieh!
Du Knecht
von vornherein.

Und die Sparbüchse,
Porzellan auf Nussbaum,
gemästet und strahlengeschützt,
bleibt in Reserve.
Schweinemäßige Obhut,
blutunterlaufen.

Der kleine Krieg

Keine Tänze mehr,
kein Gesang,
täglich unser blaues Wunder,
zänkisches Gerammel,
läppisch
und nur noch liederlich.

Dieses Spektakel!
Zischend
fährt der Blitz ins Gekröse,
blindwütig
zur Schartekenmusik,
Teenies verwöhnen ihre Barbies.

Wofür sich rechtfertigen?
Penthesilea prügelt den Geliebten,
freigebig
verteilt sie ihre Maulschellen
auf Vorteil bedacht,
routiniert.

ÜBERNÄCHTIGT

Schade, ich muss weinen.
Tollkühn
knattern die Helikopter
und lachend
warnt eine Amsel,
metallisch.
Du träumst
von einer Liebesnacht,
ich nicht,
gräme mich im Dunkeln,
kann mich nicht
besinnen.
Wer, bitte,
cancelt die Nacht.

SIRENE

Sonne vergilbt die Buchrücken
hinter der Jalousie
eine viel zu grelle Sirene.
Jemand ist gestorben
(du sagst »abgetreten«)
und der Notarztwagen
räumt die Szene.

Kein Arbeitsklima heute
(du sagst »Ambiente«)
mich fröstelt
schon seit Menschengedenken.
Das Rätsel lässt sich
sowieso nicht lösen,
aber aufgeben nicht erlaubt.

Invasiv

Und wenn die Viren-Kontamination
wiederholte Epidemien
eine Invasion wären
nicht nur aufs Lebensgefühl
sondern globale Aktion
der Besetzung
Angriff und Inkubationsversuch
sozusagen kosmisch
Insemination und Annexion
Entleiblichung
der Wirte das sind wir

VI
In Moll

BILDER VON GESTERN

Auf vergilbten Fotos
Menschen, Häuser, Kirchen,
ein schöner Garten
mit Liegestühlen und
blühendem Hibiscus.

Kann sein, ich wohnte dort
ganz früher einmal,
das ist der Großvater,
das die Tante,
der Onkel ein Förster.

Ein neues Kapitel
und wieder ein neues.
Weiß nur noch:
Im dritten Jahrzehnt
erwachte das Bewusstsein.

Kalte Heimat in Moll

Die Wälder der Kindheit,
Birken und die bizarren Kiefern,
Mistelnester in den Espen,
Himmelslicht.

Diese kastenförmigen Häuser,
zweistöckig grau,
im Hintergrund
der verfilzte Park mit dem Schloss.

Am Chausseebaum ein Kreuz
und ein verwelkter Blumenstrauß.
Dann wieder Äcker bis zum Horizont,
der Feldweg führt ins Nirgendwo.

HOCHZEIT

Wieder die blühenden Kirschbäume
in überwältigendem Weiß,
ein paar Tage nur.

Dann kommt der Frost
oder der Hagel oder der Regen
oder es regnet wochenlang gar nicht.
Aber im Sommer gibt es
diese wunderbare Süße.

Birkenwälder

Heute sitze ich im Zug
von Kattowitz nach Tschenstochau,
gegenüber ein alter Mann,
der mir etwas erzählt,
was ich nicht verstehe:
»Nie rozumiem po polsku.«
In seinem faltigen Gesicht
ein bekümmertes Lächeln,
»Acha, Pan jest Niemcem.«

Draußen die Birkenwälder,
diese herrlichen Birkenwälder,
Häuser aus Bruchstein,
Sandgruben, Heidelandschaft,
auf der Wiese ein Auerhahn
mit drei Hennen.
Und ich dachte,
sie wären ausgestorben.

Frühling

Es ist warm, den Straßenrand
säumt sonnengelb der Löwenzahn,
der Flieder schäumt
und die Kastanien
haben helle Kerzen aufgesetzt.

Vor dem Café Zebrano streiten sich
Dohlen und ein kleiner Mischlingshund
um eine Brotrinde.
Krzysztof sagt: »Das ist der Frühling!«

Er nickt mir zu,
erzählt von seinem Herzinfarkt,
der ihn beinahe das Leben gekostet hätte,
und von seiner schweren Operation,
die ihm das Leben gerettet hat.

Abends leuchtet uns ein voller Mond.
Nur noch die Weidenbäume
lassen traurig ihre Zweige hängen.

ODRA-ODER

Dort die Heilig-Kreuz-Kirche,
heißt: Kosciola swiety Krzyza,
daneben die Kathedrale
Johannes des Täufers,
umflossen von Odra-Oder.

Seit gestern wieder Wroclaw,
auch Breslau genannt,
mein Fenster zum Fluss hinaus.
Gegenüber schöne alte Häuser,
die bürgerlichen Fassaden.

Rumort es in mir.

Unten blaue Straßenbahnen
rattern auf eiserner Brücke,
und auf dem Fluss fünf Schwäne,
Köpfe hoch auf langen Hälsen,
stolze Fregatten unterm Wind.

CAFÉ KALAMBUR
(für N. H.)

Es ist das Nichts, sagt Norbert:
Agnostiker, glaubt nur,
was die fünf Sinne erfassen.
Prost, sagt er, und na zdrowie!
Auf dem Wandbild ein Engel,
der ein Kind geleitet.

Die Einheit aller Gegensätze,
sage ich, lange
diskutieren wir die Polarität
in den Erscheinungen und
sich anziehende Gegensätzlichkeiten,
jeder hat so seinen Standpunkt.

Schließlich der Engel:
geleitet uns vor die Tür.
Der Kosmos öffnet sich in die
unendliche Unendlichkeit,
gehen wir über Kopfsteinpflaster
der alten Metropole,
schwankend von Wodka und Bier.

Polnische Madonna

Führt mich in die Kathedrale
zum heiligen Johannes,
Gold und diese wunderschönen Fenster,
durch die der bunte Tag hereinscheint.
Kniet nieder, bekreuzigt sich,
betet zur heiligen Mutter Maria,
jede Woche Beichte,
sonntags Kommunion.

Eine zierliche junge Frau,
so hübsch und emanzipiert
so modisch raffiniert, trägt
die martialisch spitzen Schuhe
mit den Autorität verkündenden
Absätzen: Poch – poch – poch ...
»Okay«, sagt sie.
Aber privat ist sie ganz sanft.

AULA LEOPOLDINA

Barock, so bunt, ein herrlicher
Himmel, katholisch,
griechisch und preußisch,
der Heilige Geist eine Taube,
segnend die Götter.
Die Stifter gewappnet,
vom Krieg verschont.
Aber alles andere ruiniert:
Bomben und Artillerie,
Festung gewesen.
Der Präsident präsidiert,
die Professoren repräsentieren
und auch der Bürgermeister.
Ein Mädchenchor
singt in hohen Tönen,
der Unterton
schmeckt nach Moll.

VII
Wälder und Fluss

Von mir

Einmal im Jahr
flimmerte die Luft
über der Landstraße,
die gelben Sandwege
führten ins Moor.

Die Zunge geknotet
und das Bedürfnis
nach Menschlichem.

Später hat jemand
arglos meinen Namen
geflüstert.

AUGENBLICK

Das Gekräusel des Sees.
Über den weißblauen Bergen
ziehen sich die Dünste
zu Wolken zusammen,
aus Tropfen
bildet sich ein Bach.

Rheinisch

Ein leichter Wind
über den Brücken
teilt den Dunst,
DOM von überall her.
Alles wieder aufgebaut.
Weihrauch, Orgelmusik
und die bunten Jecken.
Über dem Fluss
ziehen die schwarzen
Vögel zum Meer.

WÄLDER UND FLUSS

Flugmaschine mit Wolkenfahne
in der Bläue,
wohin?
Wohin mit dieser Sehnsucht im Herzen?

In den Verästelungen
die Erinnerung an Landschaft,
an den Felsenberg,
unten zu beiden Seiten der Fluss, gewaltig,
der Wald,

und dann der scharfe Schrei des Falken,
der mich manchmal noch
nach harten Tagen
in den Schlaf begleitet.

NORDDEUTSCH

Die kleine Stadt,
    das grüne Land,
    Bauernland.
Mittenhindurch der dunkle Fluss
    fließt und steht
    mit Ebbe und Flut.
Spiegelt die roten Dächer,
    das Klinkerherz der Stadt,
    Kirche, Brücken, Bäume.
Sein schwarzes Wasser
    trug die Kähne vom Moor
    bis ans Meer.
Am hohen Deich
    dort hinten grasen
    Schafe und Rinder.
Zieht vorbei der große Strom,
    gibt und nimmt und trägt
    die mächtigen Schiffe.
Öffnet die Augen zum Meer.

BODENSEE

Über einem Gehölz, schwarz-weiß
die Krähen und Elstern,
sie kämpfen auf Leben und Tod.
Ihre harten Schreie in den Ohren,
versuche ich mich zu erreichen
hinter dieser gläsernen Wand,
seit Tagen schon unerreichbar.

Vor dem Zugfenster blühen
Apfelbäume zartrosa bis ans Ufer,
violett die Magnolien;
dann vor einer Dorfkirche
die Hochzeitsgesellschaft,
die Braut ganz in Weiß.

Und die Kornfelder hell in der Sonne,
und den See kräuselten plötzlich
Myriaden goldener Augenblicke,
beinahe verfehlt.

Quartier Latin

Eilig trägt der Fluss
den goldenen Sand der Bourgogne
zum Meer. Villon und Sartre
trinken ihren Pastis
im Café Latin, erschöpft
vom langen Disputieren. Nachsichtig
schauen sie hinüber
zum Karussell, auf dem du
das weiße Pferd der Königin reitest.

THASSOS

Im Olivenhain nistet der Wiedehopf
und an den Hängen warten
die Krähen auf das Opfer.
Ein Hirte hütet seine Ziegen,
stolz bietet er uns den Tag.

Im Keuschlammstrauch
erschien einst die Göttin,
holte Schiffe übers Meer,
die schöne Waren brachten
und manchmal den Tod.

Der Wald ist verbrannt,
der Weinberg vertrocknet,
staubig sind die Pfade.
Auf der Straße knattern
Motorräder bis in die Nacht.

Dann schreien die Esel,
Hunde bellen, dann kräht der Hahn.
Auf den Bergkämmen die Pinien
wie Rentiere
auf großer Wanderung.

Tenochtitlán

Stehe ich am Platz des Großen Tempels,
in aztekischer Zeit Teocalli genannt,
erhebt sich die Kathedrale des Erzbischofs.
Moctezuma, der Kaiser,
er begrüßte in Pracht
den Söldner Cortés,
den fremden bärtigen Gott:
»Nun ruhe dich aus in deinem Palast!«
Büßte mit Folter und Tod.

Köstliche Früchte, erlesenste Gerichte,
Bücher, Wein und Chocolatl.
Schrieb Cortés an Karl den Fünften:
»In Spanien ist nichts Vergleichbares.«
Ragten hoch und erhaben
die steinernen Türme und Paläste
aus dem See von Anáhuac,
vor der Zerstörung der Stadt.

Verboten die Eroberer Götzendienst,
zerschlugen die Standbilder,
stellten das Standbild der Madonna auf,
verboten Menschenopfer,
folterten, vergewaltigten und mordeten,
unersättlich, gierig:
Gold, Sklaven, Frauen.
Und mehr als zwölf Millionen Opfer.

Heute Mexiko City, zwanzig Millionen
unter der Dunstglocke.
Hoch und erhaben ragen
die steinernen Türme
der Banken, Konzerne und Hotels
im Tal von Anáhuac, »wo es Wasser gibt«,
und in der Regenzeit
die überfluteten Papphütten um die Stadt.

Stehe ich auf der Plaza de las Tres Culturas,
gehe zu El Angel
und den Fresken des Diego Rivera,
gebe Pesos den bettelnden Frauen,
»Marias« mit ihren Babys.
Die Fratzen der Herrscherfamilie
quälen mich nachts noch im Schlaf.

Fahrt nach Yucatán

Zuerst die Hochhäuser,
Boulevards und Spanischen Gärten,
Restaurants mit Panoramablick,
dann draußen
Bretterhütten mit Pappdächern,
in denen das Leben
den Ratten gehört.
Wir fahren vorbei
hinter getönten Fenstern.
Aber die Tage sind lang
allein,
und die Nächte sind lang
allein,
meine Worte die eines Fremden,
was ich auch sage.

Auf der Suche
nach Leben
ziehen vorbei die Dörfer
mit den durchsichtigen Häusern
und offenen Höfen,
die Früchte der Palmen
wie die Brüste schwangerer Frauen.
Zuckerrohrpressen,
Kaffeepflücker,
Erntearbeiter in den Maisfeldern,
und abends
streben sie der Heimat zu.
Die Sonne
kommt und geht,
während ich fahre und fahre
immer nach Süden.

Männer mit großen Hüten,
ihre Frauen leichtbekleidet,
und vor den Hütten

die Kinder, Hunde und Viehzeug.
»Kein Selbstmord hier«,
sagt ein Plantagenbesitzer,
»kennen wir nicht«.
Die Männer senken den Blick
widerwillig,
beschatten die Augen.

Ich fahre und fahre
und jeden Tag
wächst mein Mut.
Europa, eine Vorstellung
in meinem Kopf,
verschwommener von Mal zu Mal,
aber gestern hatte ich
einen schweren Traum.

Santiago de Chile danach

Auf jedem Hüttendach
eine Antenne oder Schüssel,
TV den ganzen Tag.
In den Slums überleben
Söhne und Töchter,
ihre Väter ermordet,
die Mütter traumatisiert.
Sie schauen Hollywood.
Der 11. September 73
fast schon vergessen.

OKAY

Millionen Lichter,
Millionen Hupen,
himmelhoch
pulsierender Irrsinn.

So viele verirrte Seelen,
es regnet.
In der Fifth Avenue ein Bettler,
gekleidet in einen Müllsack.

Gehe ich in mich,
sehe ich Wälder
und das klare Wasser
des Flusses.

VIII
Für Dich

Du und ich

Weißt du noch?
Unter dem Fenster der Markt,
schon früh am Morgen
wurden die Stände aufgebaut,
wir hielten uns warm,
und du erzähltest mir traurige
Geschichten aus deiner Kindheit.
Beim Frühstück ging
über den Dächern die Sonne auf,
das Radio spielte *Indian Summer*,
wir waren glücklich.
Und auf dem Weg zum Bahnhof
küssten wir uns immer noch,
du sagtest: Das ist die Liebe.

Himmelhoch

Meine Liebste ist
eine schöne Wolke,
so zart und rein,
sie ist mir treu.
Manchmal weint sie
still vor sich hin,
und manchmal zeigt
sie mir die Sonne.
Nur stundenweise
kommt sie zu mir.
Dann leben wir
als Verliebte und
bis wir vergehen.

STROM

Auf dem Weg am Fluss
summen wir unsere Lieder,
und die Lastkähne antworten uns,
und die Brücken
spannen sich wie Verliebte
von Ufer zu Ufer.

Ein Schiff heißt »Abendstern«,
eins »Terpsichore«,
die Dämmerung kommt,
Türme schicken Lichter herüber,
Straßenbahnen geben Laut
mit fremdartigen Stimmen.

Komm jetzt heim, Liebste,
die Nacht löscht schon den Himmel,
der Mond geht schon auf
über den Dächern,
ich summe dir ins Ohr,
komm jetzt heim.

Heimlich

Keine Dornen,
noch schmecke ich
deine Küsse,
mir ist,
als wär ich erlöst.
Du streust Lieder
auf meinen Weg,
die Worte
fliegen mir zu.

Seltene Wörter

Ein schöner Tag. Es gibt
Apfelmuslieder mit Lorbeerzweigsoße,
zum Nachtisch Mussorgski.
Jemand hat Sterne gepflückt, jemand
küsst mich hell und schenkt mir
seltene Wörter. Jemand hat
Sonne gesammelt und wärmt mir
das Herz.

TOURNELLE

Der milde Winter,
diese traumhafte Leichtigkeit
und der unendliche Himmel
in deinem Augenblau.
Am Pont Sully
die Trauerweide
schon jetzt in vollem Grün.
Das Hausboot trägt
Bougainvilleen, es qualmt.
Du schenkst mir den Tag,
aber ich habe Angst, du
könntest mir vor Liebesmut
ein Ohr abbeißen.

ARTEMIS

Als wir kamen, blühten
violett die Distelfelder,
der Wind hatte sich gelegt
und das Meer spiegelte
den unendlichen Himmel.
Staubig die Ziegenpfade
ins Gebirge,
wo Wildschweine hausten
und sogar Bären;
die Luft geschwängert vom Duft
des wilden Thymians.
Wir pflückten die reifen Feigen
in den Mund, die Orangen,
den köstlichen Wein.
So lebten wir zeitlos.
Als wir gingen, streuten
die Disteln ihre Samen
über die verwunschene Erde.

Unser Abend

Wenn die Sonne untergeht,
frischt der Wind auf.
Vom Rhein kommend,
treibt er das Abendrot
über Wände und Dächer,
projiziert es auf die
Schornsteine der Häuser,
spielt ein wenig in den Bäumen
und legt sich wieder schlafen.

Heimisch

Nun pflanzen wir
unseren Holler und den Rosmarin
in dem kleinen Gärtchen –
Seele vergiss nicht.
Schon frühmorgens besuchen uns
Amsel und Meisen –
Seele vergiss nicht,
während sich die Spitzmaus
nach der Inspektion ihres Reviers
im Loch unter dem Rosenstock –
Seele vergiss nicht,
zur Ruhe begibt.
Und wir und wir und wir
pfeifen uns eins,
eh wir verblühn.

Inhalt

I Getroffen
Nocturne · 9
Prometh · 10
Spätsommer · 11
Leidenschaft · 12
Juno · 13
Cogito · 14
Gewusst · 15
Wie Staub · 16
Lange Wanderung · 17
Barbarisch · 18

II Vorstadt
Patrouille · 21
Supermarkt · 22
Linie 9 · 23
Vorort · 24
S-Bahn · 25
Am Fluss · 26
Jahresringe · 27
Beseelt · 28

III Märchenhaft
Der schmale Grat · 31
Chiffre · 32
Misere · 33
Telekinese · 34
Märchenhaft · 35
Bekümmert · 36
Lebtags · 37

IV Einander entgegen
Über Wasser · 41
Insel · 42
Einander entgegen · 43
Sags dem Wolf · 44

Wart ich auf Wind · 45
Verborgen · 46
Nebelstunde · 47
Ausbruch · 48
Vergeblich · 49
Beschwert · 50

V Ausflucht

Parzival · 53
Ausflucht · 54
Rückblickend schwarz · 55
Verwesung · 56
Tremolo · 57
Tarantella · 58
Der kleine Krieg · 59
Übernächtigt · 60
Sirene · 61
Invasiv · 62

VI In Moll

Bilder von gestern · 65
Kalte Heimat in Moll · 66
Hochzeit · 67
Birkenwälder · 68
Frühling · 69
Odra-Oder · 70
Café Kalambur · 71
Polnische Madonna · 72
Aula Leopoldina · 73

VII Wälder und Fluss

Von mir · 77
Augenblick · 78
Rheinisch · 79
Wälder und Fluss · 80
Norddeutsch · 81
Bodensee · 82
Quartier Latin · 83
Thassos · 84

Tenochtitlán · 85
Fahrt nach Yucatán · 87
Santiago de Chile danach · 89
Okay · 90

VIII Für Dich

Du und ich · 93
Himmelhoch · 94
Strom · 95
Heimlich · 96
Seltene Wörter · 97
Tournelle · 98
Artemis · 99
Unser Abend · 100
Heimisch · 101